RAPPORT

SUR

LES PERTES ÉPROUVÉES

PAR LES BIBLIOTHÈQUES PUBLIQUES DE PARIS

EN 1870-1871,

ADRESSÉ A M. LE MINISTRE DE L'INSTRUCTION PUBLIQUE

Par M. BAUDRILLART,

MEMBRE DE L'INSTITUT, INSPECTEUR GÉNÉRAL DES BIBLIOTHÈQUES

———

Extrait du *Bulletin administratif*
du Ministère de l'Instruction publique.

———

PARIS

IMPRIMERIE PAUL DUPONT

RUE JEAN-JACQUES-ROUSSEAU, 41.

—

1871

RAPPORT

SUR

LES PERTES ÉPROUVÉES

PAR LES BIBLIOTHÈQUES PUBLIQUES DE PARIS

EN 1870-1871,

ADRESSÉ A M. LE MINISTRE DE L'INSTRUCTION PUBLIQUE

Par M. BAUDRILLART,

MEMBRE DE L'INSTITUT, INSPECTEUR GÉNÉRAL DES BIBLIOTHÈQUES.

Extrait du *Bulletin administratif*
du Ministère de l'Instruction publique.

PARIS

IMPRIMERIE PAUL DUPONT

RUE JEAN-JACQUES-ROUSSEAU, 41.

1871

RAPPORT

sur les pertes éprouvées par les bibliothèques publiques, dépendant du Ministère de l'Instruction publique, à Paris, soit pendant le siége par les Prussiens,
soit pendant la domination de la Commune révolutionnaire.

Paris, le 7 octobre 1871.

Monsieur le Ministre,

Vous m'avez chargé de rechercher et de vous faire connaître
les pertes subies par les bibliothèques publiques qui dépendent
de votre Ministère, soit pendant le siége de Paris par les Prussiens, soit sous la domination de la Commune révolutionnaire.
Nous devons rendre cette justice aux ennemis qui nous ont causé
tant de sortes de maux : s'ils nous ont enlevé bon nombre de nos
bibliothèques particulières, comme de nos collections les plus
précieuses, ils ont, en général, respecté nos bibliothèques publiques. Leurs obus, il est vrai, n'épargnaient pas notre admirable bibliothèque de Strasbourg, non plus qu'ils ne faisaient
grâce à la flèche de la cathédrale de cette grande et malheureuse
ville. Hélas ! lorsque cette nouvelle nous arrachait un cri de douleur, nous ne pensions pas que c'était Strasbourg même, avec sa
bibliothèque mutilée, mais magnifique encore, qui allait passer
entre les mains des Allemands. Avec Metz nous perdons aussi
une des riches bibliothèques dont s'honorait la France. Dans la
destruction du palais de Saint-Cloud par le bombardement, se
·trouve comprise sa belle bibliothèque, complétement disparue; et
quelques volumes de la Bibliothèque impériale, qui y avaient été
transportés, ont péri également. Voilà bien des pertes ! Mais,

dans les villes momentanément occupées ou qui le sont encore en ce moment même, j'en ai acquis la certitude en inspectant la plupart de leurs bibliothèques, il n'y a point eu de dégâts sérieux, et tout se réduit à l'enlèvement de quelques cartes (1).

A Paris, le bombardement, qui n'a pas épargné nos hospices, n'aurait pas épargné davantage nos bibliothèques. On peut en juger par d'autres établissements scientifiques, tels que le Muséum et le Collége de France. Mais, soit que les obus n'aient pas porté jusqu'à elles, soit, pour celles qu'ils ont frappées, que les précautions ordonnées par vous dès le début du siége aient eu une heureuse efficacité, le mal a été nul. Combien la guerre civile, sous ce rapport, nous a été plus cruelle ! Ce qu'elle a entassé de ruines en ce genre, comme de tant d'autres manières, n'est-il pas présent à tous les esprits ? C'est à rendre compte de ces pertes pour les bibliothèques placées dans votre département, que ma tâche se trouve circonscrite, et, même ainsi limitée, elle n'a que trop d'étendue.

Il s'en faut pourtant que le mal ait eu partout la même gravité.

J'ai déjà constaté, monsieur le Ministre, dans un précédent rapport que j'ai eu l'honneur de vous adresser relativement à la bibliothèque Mazarine, à la bibliothèque de l'Arsenal et à la bibliothèque Sainte-Geneviève, que ces grands établissements avaient, de même que la Bibliothèque nationale, heureusement peu souffert. La perte principale, celle qu'a éprouvée la bibliothèque Mazarine, n'est pas telle elle-même qu'elle ne puisse, au moins en grande partie, être réparée. Cette perte consiste d'abord en quatre volumes manuscrits. Ces manuscrits avaient été prêtés à l'auteur de savantes recherches sur l'histoire de France, chez qui ils ont été brûlés avec sa propre bibliothèque, à Neuilly, par le bombardement des insurgés, qui atteignit cette commune au mois de mai dernier. Ils se composaient d'abord d'un manuscrit du XVIIᵉ siècle (Dubuisson-Aubenay, *Mémoires sur les guerres*

---

(1) Il nous faut malheureusement faire une exception : la bibliothèque de l'école spéciale militaire de Saint-Cyr a été en partie détruite par les Prussiens. Ils ont dépareillé nombre d'ouvrages importants, détruit ou enlevé la Collection des documents inédits sur l'Histoire de France, la Correspondance de Napoléon, le Journal militaire, le Spectateur militaire, etc.

civiles de France) ; puis de trois volumes numérotés 1765, 2786 et 2786 A. Le numéro 1765 dépareille une collection de *Mélanges* qui contenait trente-trois volumes. Les numéros 2786 et 2786 A sont les deux premiers d'une seconde collection d'œuvres du même auteur, qui comptait sept volumes (1).

Les pertes quant aux imprimés, quoique n'ayant qu'une importance secondaire, méritent pourtant d'être signalées. Un obus, lancé par les insurgés, tombait, au milieu de la nuit, dans la grande galerie Naudé, qui occupe l'étage supérieur de la bibliothèque Mazarine ; il brûlait ou déchirait un certain nombre d'ouvrages. Les volumes atteints par l'obus appartiennent tous au nouveau fonds d'histoire, du format in-4°. C'étaient des ouvrages en eux-mêmes curieux et utiles à consulter, dans un bon état, quelques-uns recouverts d'assez belles reliures anciennes. L'indication de ces livres, que je donne ci-dessous, vous permettra, au reste, Monsieur le Ministre, d'apprécier avec précision le degré de la perte (2).

---

(1) L'emprunteur espère pouvoir restituer une copie du manuscrit Dubuisson, en faisant transcrire celle qui se trouverait entre les mains d'un archéologue d'Amiens.

(2) N° 1417. — Πεντηκόναρχος, par Ramirez. 1612.

N° 1418. — Bruschius, Chronologia monasteriorum Germaniæ. 1682.

N° 1419. — Colluccii de Bello belgico pars altera. 1677. 2 vol.

N° 1424. — Historia Ecclesiæ lusitanæ. 1759.

N° 1425. — Thomas di Burgo, Hibernia dominica. 1762.

N° 1429. — Calendæ regiæ. 1659.

N° 1430. — Historia di Poggio. 1598.

N° 1431. — Chronique de Savoie, par Guillaume Paradin. Lyon, 1552.

N° 1432. — Apologie pour la maison de Savoie. 1631.

N° 1436. — Taisan, Vies des jurisconsultes. 1737.

N° 1438. — Histoire du siége de Dunkerque. Paris, 1649.

N° 1444. — Doglioni, Del theatro universale de principi. Venetia, 1606.

N° 1653. — Königlischer danischer hof und staats Kalender von Mathias. Rohlfs.

N° 1657. — Baglione, Le Vite dei pittori. 1733.

N° 1659. — De origine, moribus et rebus gestis Scotorum, authore Joanne Leslœo. Romæ, 1578. Exemplaire de l'auteur.

N° 1661. — Wolfius, Notitia Kareorum. Hambourg, 1714.

N° 1662. — Coopers chronicle. 1565.

Je passe aux deux autres bibliothèques : l'Arsenal et Sainte-Geneviève. L'Arsenal n'a subi que d'assez faibles dommages. Un éclat d'obus des insurgés écrasait un volume in-4° de peu de valeur : Sexti Pompei, *de Verborum significatione*, avec les notes de Dacier. Le même éclat détruisait un pilastre d'un des panneaux de l'oratoire du cabinet de Sully, brisait quelques carreaux et quelques boiseries, et faisait cinq crevasses dans les côtés d'autant de fenêtres. La bibliothèque Sainte-Geneviève a perdu aussi quelques volumes. Pendant le bombardement de Paris par les Prussiens, dans la nuit du 8 au 9 janvier, un fragment d'obus, traversant une des fenêtres de la partie inférieure des bâtiments, avait pénétré dans la réserve sans y causer de ravages.

La même bibliothèque devait être moins épargnée sous le règne de la Commune. Au moment où nos troupes victorieuses entraient dans Paris, pendant les courts instants où la Commune semblait compter encore sur les efforts d'une résistance désespérée, un obus pénétra, du côté du collége Sainte-Barbe, dans la galerie supérieure de la bibliothèque, et dispersa à une grande distance

---

N° 1664. — Fabricius, Rerum misnicarum libri VII.

N° 1665. — Commentaire sur les prophéties de M. de Nosdredame. 1594.

N° 1666. — De vario Bononiæ statu, Barthol Dulcini. 1631.

N° 1667. — Caroli Sigonii, de vitâ Laurentii Compegii. Bononiæ, 1581.

N° 1669. — Manifesto del sig. Ludovico Birogo. Torino, 1561.

N° 1670. — La Congiura del conte Luigi di Fieschi. 1675.

N° 1672. — Ateneo dei letterati milanesi.

N° 1674. — Historia di Girolamo Mutio, de fatti de Federico de Montefeltro, duca d'Urbino. Venetia, 1605.

N° 1675. — Sicanicarum rerum compendium, Mauro-Lyco. Messanæ, 1561.

N° 1854. — Du Bois, Vies des gouverneurs généraux des Indes Orientales. 1763.

N° 1912. — Etrennes françaises 1766. 2 exempl.

N° 1913. — Récit de ce qui s'est passé tendant à la construction d'un nouvel Hôtel-Dieu. 1773. — Ce volume, aux armes du roi, renferme un mémoire autographe du célèbre architecte Antoine sur la construction de l'Hôtel-Dieu. On pourra le remettre en état.

N° 2296. — Vida Bartolome de los martires. Madrid, 1625.

cinquante-trois volumes. Parmi ces volumes, appartenant tous à la section de géographie, les uns seront facilement remplacés, les autres pourront être réparés par le relieur. Les plus nombreux font partie d'une petite édition, format in-12, de l'*Histoire des voyages* par l'abbé Prevost (reliure en maroquin rouge) ; les autres appartiennent au Bulletin de la Société de géographie, ou bien à la collection commencée par M. Vivien de Saint-Martin sous le titre d'*Année géographique*.

Heureuses les bibliothèques de Paris, si elles en eussent été quittes à si bon marché ! La France, l'Europe entière savent qu'il est loin d'en avoir été ainsi, et la postérité ne s'en souviendra que trop pour l'honneur de la civilisation au xix⁰ siècle. Les pertes que nous ont fait subir les nouveaux Barbares sont immenses, incalculables. Deuil inconsolable pour l'érudition et les lettres, comme pour l'art de l'imprimerie et de la reliure !

S'il s'agit de valeur vénale, la perte s'élève à plusieurs millions.

Quant au dommage intellectuel, les chiffres n'en peuvent donner aucune idée. Quelle perte que la bibliothèque de l'Hôtel de Ville ! cent vingt mille volumes, dont bon nombre se rapportaient à l'Histoire de Paris, ouvrages précieux par leur beauté comme par l'intérêt des documents administratifs de tout genre ! Il s'y était joint, depuis quelques années, la belle collection des *States papers*, formée par M. Wattemare. Que de raretés, parmi lesquelles des ouvrages uniques, comme le livre d'*Heures* de Juvénal des Ursins ! C'étaient de merveilleuses bibliothèques spéciales que la bibliothèque du Conseil d'État, avec laquelle disparaissent aussi les importants procès-verbaux des séances durant de longues années ; que celles de la Cour des Comptes, de la Cour de Cassation, de la Légion-d'Honneur, de l'Ordre des Avocats, enfin du Ministère des Finances ! Comment ne pas comprendre dans les mêmes regrets la bibliothèque de la Préfecture de police, si merveilleusement abondante en documents sur la Révolution et qui offrait une collection unique de journaux modernes, futurs matériaux de l'histoire politique de notre temps ?

Dans les bibliothèques publiques dépendant de l'État et qui ressortissent à votre Ministère, se renferme naturellement la mission que vous m'avez fait l'honneur de me confier.

Or, une seule de ces bibliothèques a éprouvé de profonds dommages ; disons plus : il s'agit d'une destruction complète. Vous ne voyez que trop, monsieur le Ministre, de quelle bibliothèque je veux parler. La bibliothèque du Louvre a péri tout entière. Parmi nos autres bibliothèques plus nombreuses, d'une valeur plus grande encore, c'était, nous le savons tous, un joyau qui brillait d'un éclat particulier, inappréciable. La richesse et le goût en formaient le double caractère. La haute curiosité érudite et littéraire y était représentée par des monuments qu'on ne retrouve pas toujours dans les plus riches dépôts de l'Europe. Assemblage rare de pièces curieuses, de manuscrits importants, d'imprimés d'une exécution incomparable, d'épreuves de choix, d'ouvrages à planches qui égalaient au moins, pour la beauté et le prix, ce que les autres bibliothèques possèdent de plus accompli ; musée de reliures enfin, tel qu'il comptait peu de rivaux, tout cela a disparu sans laisser de traces, pas même celles qui survivraient dans un catalogue ! Le catalogue ou plutôt les catalogues ont été brûlés comme le reste. Perte trop réelle aussi ! car plusieurs de ces catalogues étaient des chefs-d'œuvre de patience et d'ordre, et la bibliothèque du Louvre était complète en ce genre, comme le sont fort peu de nos bibliothèques. Le catalogue par ordre alphabétique de noms d'auteurs et le catalogue par ordre de matières, tous deux si utiles, y étaient tenus avec une grande exactitude. Il y avait des catalogues spéciaux pour les collections et les recueils. Ces différents catalogues formaient soixante volumes. La table des auteurs en formait vingt-sept. On peut dire sans exagération que le catalogue des collections composait, à lui seul, un magnifique ouvrage, des plus intéressants et des plus utiles pour ceux qui se livrent à des recherches. Le catalogue des pièces de la Révolution était notamment un trésor. Il en était de même de la table de matières formant une centaine de volumes de la grande collection Saint-Genis, table immense, indispensable pour s'orienter dans ce dédale d'arrêts qui comprennent une succession de siècles. On regrette amèrement que ces catalogues n'aient pas été imprimés. J'appelle une fois de plus, permettez-moi d'en faire la remarque ici, la confection de catalogues imprimés dans toutes les bibliothèques publiques en France, comme il en existe déjà heureusement un certain nombre. La facilité de la recherche, non-seulement pour les bibliothécaires, mais pour

ceux qui travaillent, et l'avantage de la durée les réclament également. Seuls, les catalogues imprimés rendront possible la sta-
tistique complète de nos richesses bibliographiques, si imparfai-
tement connues par nous-mêmes. Si la bibliothèque du Louvre
avait laissé un tel catalogue, nous n'en serions pas à rechercher
trop souvent, comme à tâtons, je ne dis pas les noms des cent
mille volumes dont elle se composait, travail infini de reconstruc-
tion impossible à la mémoire, mais les noms mêmes de tant d'ouvrages précieux à différents titres, qu'il m'a fallu tirer de documents divers ou arracher comme un à un, au risque de plus d'un
oubli de la part même des hommes les plus compétents et fami-
liarisés avec ces livres, des bibliothécaires du Louvre ou de ceux
qui, sans être attachés à ce bel établissement, en avaient une
connaissance plus ou moins approfondie. J'ai dû les consulter
presque tous pour arriver à former l'inventaire de ce que cette
bibliothèque contenait de plus important. C'est cet inventaire
des choses précieuses et rares, à jamais perdues, mais dont un
certain nombre a ou peut avoir des analogues, que je vais mettre
sous vos yeux.

Comment toutefois me dispenserais-je, avant d'arriver aux détails, d'indiquer l'origine de ce magnifique dépôt de livres? Serait-
il possible autrement d'en comprendre les caractères et les mérites originaux? La valeur d'une bibliothèque est aussi dans son
ensemble, et cet ensemble est déterminé par les circonstances qui
l'ont formé. Je n'aurai garde, d'ailleurs, de vous fatiguer de détails historiques, non pas sans intérêt en eux-mêmes, mais inu-
tiles ici. Il n'est pas nécessaire de remonter jusqu'aux siècles où
les rois de France, de Charles V à Louis XII, eurent leur bibliothèque, composée de quelques centaines de volumes, au Louvre,
dans la *Tour de la librairie*. Il n'y a pas lieu de s'arrêter davantage sur les temps qui suivirent, où, malgré la formation de la
grande bibliothèque royale, le *Cabinet des livres du Louvre*
subsiste, quoique amoindri. A dire le vrai, la bibliothèque dont
nous regrettons la perte date de temps moins éloignés. On suit
la trace curieuse de sa formation depuis la Révolution jusqu'à nos
jours. C'est à cela que se borneront mes indications, et encore
seront-elles très-rapides. On ne sait pas au juste combien il y
avait, ni même très-sûrement s'il y avait des livres appartenant
au *Cabinet du Louvre*, dans le vaste amas, résultant des confis-
cations et des déplacements, qui, à l'époque révolutionnaire, réunit

*

un million cinq cent mille volumes de toute provenance dans divers dépôts du département de la Seine et de Versailles. C'est de là pourtant que devait sortir la nouvelle bibliothèque du Louvre sous sa première forme, en quelque sorte rudimentaire. M. Alexandre Barbier, un des membres les plus laborieux et les plus distingués de la section de bibliographie nommée par la Convention, autorisé en 1798 à choisir, dans les dépôts, les ouvrages qui devaient former la bibliothèque du Directoire, s'appliqua aussi à composer la bibliothèque du Conseil d'État. Il en était nommé bibliothécaire en 1801 et il en publiait le catalogue en deux tomes (1).

Quand la bibliothèque du Conseil d'État, d'abord placée aux Tuileries, fut, en 1807, transportée au château de Fontainebleau, une partie de la jurisprudence et de l'économie politique était pourtant conservée au Louvre pour l'usage du Conseil. Là est le premier germe. En même temps, M. Barbier organisait un nouveau dépôt, devant former la bibliothèque de l'Empereur (2) et celle des palais impériaux. C'est en réunissant à la bibliothèque du Conseil d'État la bibliothèque de l'Empereur, qui venait s'adjoindre elle-même à la bibliothèque particulière du Roi, que, sous la Restauration, M. Barbier créa la bibliothèque placée dans la galerie du Louvre. Elle reprit alors son ancien nom de *Bibliothèque* du *Cabinet du Roi*. C'était le titre qu'on lisait au-dessus de la porte du guichet Saint-Thomas. La nouvelle bibliothèque s'enrichit rapidement, de 1816 à 1819, de collections fort précieuses, dont M. Barbier rédigea le catalogue.

---

(1) J'emprunte ces détails, en les abrégeant beaucoup : 1° à la notice très-instructive, consacrée à M. A. Barbier par M. Louis Barbier, son fils, le dernier conservateur de la bibliothèque du Louvre ; 2° à l'excellente *Notice historique* de M. Rathery, qui fut longtemps lui-même bibliothécaire à cet établissement, *sur l'ancien Cabinet du Roi et sur la Bibliothèque impériale du Louvre*, insérée dans le *Bulletin du Bibliophile*, en 1858, pages 1013 et suivantes.

(2) Un premier fonds, fort considérable, se trouvait dans la bibliothèque réunie quelques années auparavant par d'Ambreville, un fin connaisseur, qui avait été autorisé à faire un choix dans le dépôt dit *de la Culture Sainte-Catherine*. Il le fit, paraît-il, trop étendu et trop beau, et se composa une bibliothèque de superbes livres magnifiquement reliés en maroquin. La bibliothèque fut mise sous le séquestre et offerte au premier Consul.

Telle est, monsieur le Ministre, la véritable origine de cette bibliothèque lentement formée et en un instant détruite. Elle devait, sous les administrateurs qui succédèrent à M. A. Barbier, c'est-à-dire sous M. Valery, à l'époque de la Restauration, sous M. de Jouy, après 1830, et, à partir de 1847, sous M. Louis Barbier, recevoir de nouveaux développements. Tout en devenant de plus en plus un dépôt précieux d'ouvrages de tout genre et en gardant ce caractère de bibliothèque juridique, économique, historique, que lui assignait son origine, elle prenait sans cesse aussi davantage le caractère de grand luxe et de goût exquis que semblait provoquer une pareille résidence. Le moment était venu où son local, désormais insuffisant, allait être modifié. Passée au Ministère de la maison de l'Empereur, et ayant reçu, en 1853, son règlement spécial, elle occupait, jusqu'au mois d'avril 1858, le second entre-sol placé sous la grande galerie du Musée. Combien, depuis ses modestes débuts, ne s'était-elle pas accrue ! Aux treize salles, qui existaient depuis la Restauration, treize autres avaient été adjointes successivement. Enfin il fut décidé qu'elle serait transportée dans l'aile du Nord, nouvellement construite. Elle y occupait la galerie qui s'étend depuis le pavillon faisant face au Palais-Royal jusqu'au pavillon Richelieu. C'est dans cette magnifique galerie, qui avait reçu tout l'ameublement et tous les ornements dont peut se parer une salle de bibliothèque, que des incendiaires, portant l'habit de la garde nationale, pénétraient à la fin de la nuit du 23 au 24 mai. Le pétrole accomplit là, comme ailleurs, son œuvre de destruction rapide avec une horrible efficacité. Vers cinq heures du matin, les flammes commençaient à paraître et ne tardaient pas à se propager et à s'élever. Vers une heure de l'après-midi, le sinistre travail était achevé ! Rien, dans cet emplacement désolé, dont la nudité stupéfait le regard, rien n'indique aujourd'hui qu'il y ait même eu là une bibliothèque.

Ce qu'était cette bibliothèque dans son ensemble, je viens de vous l'indiquer. Il suffira d'ajouter quelques traits pour se convaincre que ce qui la rendait précieuse, c'était l'assemblage même de tant d'éléments excellents. Au fonds primitif, toujours accru, d'ouvrages sur le droit public, l'administration, l'économie politique, l'histoire, étaient venus se joindre une superbe collection de traités, de recueils sur les beaux-arts, sur la peinture, la sculpture, l'architecture, l'ornementation; toute la bibliothèque du

Musée, des livres du prix le plus élevé, de la plus splendide exécution, relatifs à l'histoire naturelle, avec des dessins ou des planches coloriées, dus à des maîtres illustres ; quantité de raretés historiques et archéologiques ; de magnifiques ouvrages offerts aux souverains ou ayant servi à leur usage, comme la belle collection des classiques latins et français de Louis XVIII et beaucoup d'ouvrages sur l'art militaire ayant appartenu à Napoléon Ier, aux princes d'Orléans et à Napoléon III ; une rare bibliothèque italienne, les grandes collections des Bollandistes et des Bénédictins dans les plus belles conditions qui se puissent rencontrer, et nombre de recueils factices contenant des pièces introuvables ailleurs. C'est dans cet ensemble qu'il nous faut choisir ce qui mérite éminemment, entre d'autres livres ayant une valeur considérable, d'être distingué et retenu, en essayant de mesurer, autant qu'il est possible, pour chaque grand ouvrage ou grande collection, l'étendue de nos pertes.

Voici dans quel ordre je procéderai. Je comprendrai dans cette recherche : 1° les livres manuscrits et imprimés rares ou précieux ; 2° les collections ou recueils tant manuscrits qu'imprimés, d'une importance exceptionnelle ; 3° la collection dite *collection Molteley*, offrant un caractère tout spécial, et qui mérite dans ce rapport une place à part, comme elle en occupait une dans le Louvre lui-même.

LIVRES MANUSCRITS ET IMPRIMÉS, RARES OU PRÉCIEUX.

Il existe, disons-le d'abord avant de constater des pertes d'ouvrages manuscrits infiniment regrettables, il existe heureusement des copies du catalogue des manuscrits, et quelquefois des copies des manuscrits rares offrant le plus de valeur et d'intérêt. M. Louis Pâris notamment, le savant directeur du *Cabinet historique*, avait préparé des matériaux qui acquièrent aujourd'hui une grande importance. Il avait transcrit cette partie du catalogue et pris ou fait prendre des copies de quelques manuscrits originaux ou de fragments particulièrement intéressants. Je citerai la copie du travail de Ch. d'Hogier ayant pour titre : « *L'Impôt du sang*, ou la Noblesse de France sur le champ de bataille ; » celle de la *Description de la galerie du château d'Etoges* (Marne), peinte en 1680 ; celle d'un grand nombre de *Lettres historiques des* XVIe *et* XVIIe *siècles*, copiées dans les grands

recueils de J. Bourdin, secrétaire d'État sous Henri II et Char-
lesIX ; celle du catalogue détaillé du 32ᵉ volume in-folio des
Papiers et lettres originales de la maison de Noailles, recueil mis
sous séquestre à l'époque de la Révolution et que la famille
était en instance de réclamer (1) ; enfin la copie d'un certain
nombre de vies des poëtes français du manuscrit de G. Colletet.

La perte du manuscrit original de Colletet n'en reste pas
moins une des pertes les plus sensibles. Ce vieux manuscrit, si
cher aux gens de lettres, tant de fois consulté, tant de fois cité,
ne formait pas moins de cinq volumes in–4°. Son titre en indi‑
quait l'objet et l'importance : *Vies des poëtes français par
ordre chronologique, depuis 1209 jusqu'en 1647.* On voit par là
combien un tel ouvrage, contenant quatre cent cinquante-neuf
biographies, si précieux comme objet de curiosité, à titre de
manuscrit, l'était aussi pour l'histoire littéraire. L'original et la
copie ont été brûlés (2). Est-il impossible d'en retrouver ailleurs
quelque copie? On m'en signale une qui aurait été vendue, à la
vente Aimé Martin, à M. Durand de Lançon, copie que ses
héritiers possèdent probablement aujourd'hui. Il y aurait là une
recherche à faire. En déplorant cette perte si regrettable, je
dois aussi ajouter ce qui l'atténue dans une certaine mesure :
plusieurs de ces *Vies* de poëtes ont été publiées, et en général
ce sont les plus importantes. De nos jours, des érudits comme
M. de Clinchamp, M. Paul Lacroix, M. G. Brunet, M. Blanche-
main, M. Rathery, M. Hauréau, ont eu l'heureuse idée de repro-

---

(1) En 1851, M. Ludovic Lalanne a rédigé le catalogue de divers
recueils de lettres originales possédées par la bibliothèque du Louvre,
et entre autres des papiers de la famille de Noailles. Ce catalogue a
été, à la même époque, envoyé au Ministère de l'instruction publique.

(2) M. F. de Caussade, bibliothécaire au Louvre, se proposait d'en
donner, à la librairie Lemerre, une édition complète dont il avait
réuni de nombreux matériaux. Ces matériaux, laissés dans le bureau
de M. de Caussade au Louvre, ont été brûlés également. Il avait été
question, il y a quelques années, de publier ce manuscrit pour la collection des documents inédits de l'Histoire de France. C'est M. Asse-
lineau, de la bibliothèque Mazarine, qui devait s'en charger. M. Asse-
lineau avait repris cette idée de publication en 1857 ; mais la faillite
de l'éditeur arrêta tout projet. On voit que ce manuscrit a joué de
malheur.

-duire quelques-unes de ces précieuses notices, parfois avec un peu d'arrangement quant à la forme. D'autres manuscrits de G. Colletet et de François Colletet sont aussi à regretter. A de médiocres poésies se trouvaient réunis de curieux documents.

Nombre de personnes, se reportant à leurs anciens souvenirs de la bibliothèque de Louvre, ont cru perdu dans le même désastre un autre manuscrit bien précieux qu'elles y avaient admiré : les *Heures de Charlemagne*. Les *Heures de Charlemagne!* ce livre qui réunit tous les genres d'intérêt, vénérable manuscrit dix fois séculaire, auquel s'attachent tant de traditions glorieuses ! On a plus d'une fois décrit ce bel in-folio sur peau vélin, orné de six miniatures, presque entièrement écrit en lettres d'or sur un fond pourpre, et dont chaque feuillet est entouré d'arabesques très-variées. Rassurons-nous : les *Heures de Charlemagne* existent encore. Transportées, il y a quelques années, au Musée des Souverains, elles doivent leur préservation à cette circonstance, qui nous permet aussi de conserver d'autres ouvrages précieux de la bibliothèque du Louvre, comme le *Registre de l'ordre du Saint-Esprit* et le *Sacre de Napoléon*, avec les dessins originaux d'Isabey, Percier et Fontaine.

Malheureusement combien d'autres pertes sont trop avérées et trop complètes ! C'était une rareté figurant à titre unique, que la *Bulle sur papyrus du pape Agapet*, de l'année 951. Il existe à Narbonne un *fac-simile* de cette pièce, fait il y a peu d'années. Elle a été aussi publiée dans le tome VI du *Gallia christiana*, et depuis, dans les *Papyri diplomatici* de Marini. Comme valeur d'archéologie et d'art, quelle perte que celle des *Dessins d'architecture pour le Louvre et Versailles, l'Arc de Triomphe, l'Observatoire*, etc., *par Claude Perrault* ; 2 vol. in-folio, avec texte explicatif et autographe de Charles Perrault! A ce recueil étaient jointes des notes de Fontaine, de Vaudoyer, de Barbier Je citerai, parmi les manuscrits (en dehors des manuscrits historiques formant des recueils en plusieurs volumes, dont je parlerai dans un instant), les *Huit Herbiers*, manuscrit autographe de Mme de Genlis, avec dessins originaux, gros volume in-4°, magnifiquement relié ; le *Choix des plus belles fleurs*, dessins originaux sur peau vélin par Redouté, 2 volumes in-folio, reliés par Simier en maroquin bleu, avec les chiffres du roi Louis-Philippe, donnés à la bibliothèque du Louvre par la reine Marie-Amélie ; les *Roses*, dessins originaux de Redouté, sur peau vélin, in-folio richement relié par Simier ; la *Botanique de J.-J. Rousseau*, avec dessins originaux par Redouté, grand in-8° sur peau vélin ; un beau manuscrit persan du shah Hamed, avec vignettes; une *Biblia sacra,* manuscrit in-4°, reliure de Simier en maroquin noir, peau vélin, sur la dernière feuille de laquelle on trouvait la note suivante d'une écriture fort ancienne : « *Ista Biblia fuit gloriosissimi sancti Ludovici, quondam regis Francorum.* » Mais, comme beauté d'exécution, il y avait peu d'ouvrages plus remarquables que les *Oiseaux* d'Audubon (*The Birds of America*), avec quatre cent trente-cinq planches coloriées, ou à mettre au-dessus du *Traité des arbres et arbustes* de Duhamel, magnifique exemplaire sur vélin, formant quatorze volumes in-folio. Le *Musée de Florence*, de Wicar, un véritable chef-d'œuvre ! Une œuvre gracieuse et riche, les *Pigeons* de Mme Knip ! Parmi les curiosités et les raretés historiques ou littéraires, réunies en un volume unique, comment ne pas mettre au premier rang les lettres *autographes* de Henri II, du cardinal de Lorraine, d'Emmanuel-Philibert, duc de Savoie, du chevalier de Selve, d'Alex. Montanus, de Martin du Belloy, d'Adrienne d'Estouteville, de Tavanes, un volume in-folio ; celles de d'Estrées au nombre de cent quarante-cinq (1) ; celles de Louis XIV à Mme de Maintenon, in-folio dos de maroquin ? (2)

De pareilles pertes se constatent avec douleur ; on n'a pas besoin de les commenter. C'étaient des pièces originales, d'un bien triste, mais bien réel intérêt, que celles qui composaient l'*État des dépenses faites au Temple depuis le 13 août jusqu'au 10 novembre de l'an 1 de la République française*, et les *Comptes des fournisseurs de Louis Capet et sa famille*. M. de Beauchêne, dans son histoire de Louis XVII, a en grande partie publié ces documents dans les pièces justificatives de son ouvrage. Au point de vue archéologique, c'était encore un précieux volume que le livre manuscrit intitulé : *Consecratio Regis*, beau manuscrit du XIVe siècle, avec ornements en or et en couleur, in-4° relié en

---

(1) En voir le détail dans le catalogue Germain Garnier, 4 mars 1822, n° 1100, et dans le catalogue A. Barbier, 25 février 1828, supplément n° 37.

(2) Voir le détail dans le catalogue Germain Garnier, 4 mars 1822, n° 1131.

maroquin rouge aux armes royales. Comment ne pas rappeler le livre portant ces mots dans son titre : *En quel temps la cité de Lutèce fut commencée et comment elle fut nommée Paris* : manuscrit sur vélin du xve siècle, formant un rouleau de 16 pouces de large sur 15 de long, avec vignettes peintes? Comment ne pas signaler l'*Ordonnance de Louis XI* pour l'ordre de Saint-Michel, manuscrit du xve siècle? Une curiosité tout historique s'attachait aux trois volumes manuscrits contenant le procès-verbal de l'Ordonnance de 1667, de l'ordonnance criminelle de 1670 (deux fois reproduite) ; à l'exposition des maximes et des règles consacrées par les articles organiques, avec le rapport également manuscrit, signé Portalis; à quantité de mémoires spéciaux, que je ne puis nommer un à un, mais dont le titre même révèle l'intérêt pour tous ceux qui mettent quelque prix à la connaissance intime et détaillée des institutions et de la vie même privée de la vieille France : ces arrêts du Parlement, ces registres de la chambre des Comptes, ces inventaires et ces notes sur les fiefs, les domaines, les bénéfices, l'aménagement des forêts, les châteaux royaux ; ces tables si instructives des recettes et des dépenses, parfois aux armes de Colbert ou de tel autre personnage célèbre. Ajoutons-y d'intéressants et volumineux ouvrages manuscrits sur les monnaies, dont l'un commandé par Desmarets et corrigé par Daguesseau. On conservait, avec l'intérêt qui s'attache aux personnes royales et aux anciens souvenirs, un manuscrit du jeune duc de Bourgogne, petit-fils de Louis XV et frère de Louis XVI, contenant des *Problèmes de géométrie pratique, exécutés et mis au trait.*

Encore une perte irréparable : la *Notice historique sur les sépultures d'Héloïse et d'Abailard*, livre imprimé, mais exemplaire unique tiré sur papier rose, avec les dessins originaux par Alexandre Lenoir; et cet autre volume grand in-folio : *Paris, Saint-Cloud et dépendances*, avec les dessins originaux de Fontaine. Nous avons indiqué, en parlant des catalogues, un manuscrit en 2 volumes, extrêmement regrettable, dont M. L. Pâris, grâce à une copie faite complétement, annonce la publication prochaine en 4 volumes in-8 : nous voulons parler du livre de L. d'Hozier, auquel nombre de familles nobles attachent un prix qu'y mettront aussi tous ceux que touche dans le passé la gloire de notre patrie, tant ce livre rappelle de traditions de courage militaire et d'héroïque fidélité au devoir! Mais quel plus touchant adieu n'aurions-nous pas à faire à un de ces manuscrits que les amis des lettres, que tous ceux qui savent apprécier l'union d'une noble nature et d'un beau talent, ne pouvaient voir sans respect et sans émotion, le manuscrit de Vauvenargues! Il y a certes des noms plus éclatants que le nom de ce lettré plein de délicatesse, de cet écrivain ingénieux, de ce moraliste original; il en est peu qui inspirent une estime plus profonde et une plus douce sympathie. C'était une relique intéressante à un haut degré, que l'*Essai sur quelques caractères*, autographe tout entier de sa main, formant 708 pages, et que ces *Lettres*, également autographes, adressées en si grand nombre, de 1739 jusqu'en 1745, au président à mortier du Parlement d'Aix, de Saint-Vincent. Ces lettres formaient, avec celles qu'il adressa au marquis de Mirabeau et à quelques autres personnages, une autobiographie des plus curieuses, en même temps qu'un des témoignages les plus honorables de l'excellence du caractère et de l'esprit de ce jeune officier, enlevé si tôt aux lettres. Ce témoignage ne périra pas, grâce à M. Gilbert, qui était venu chercher, en grande partie, à la bibliothèque du Louvre, les éléments de la nouvelle édition de Vauvenargues en 2 volumes, édition définitive. L'auteur de l'*Éloge de Vauvenargues*, couronné par l'Académie française, rendait par là aux lettres un service dont il ne connaissait pas toute l'étendue, lorsque lui-même, trop tôt frappé, mourait quelques mois avant que ces précieux débris du moraliste auquel il avait consacré tant de soins et de travail disparussent pour jamais!

A cette liste funèbre je trouverais encore plus d'un ouvrage à ajouter, que ses mérites de rareté ou de curiosité historique rendent particulièrement digne de regret. Les bibliophiles regretteront le Rabelais de l'abbé Morellet, que son possesseur avait couvert d'annotations manuscrites, édition en 4 volumes in-12, donnée au Louvre par M. Burgaud des Marets avec d'autres pièces relatives à Rabelais. C'était un volume fort rare et fort curieux que l'*Albuconiana*, composé d'opuscules économiques et politiques, par Pierre Arnaud, vicomte d'Aubusson; plusieurs de ces opuscules avaient paru séparément et en divers lieux, de 1773 à 1790. D'Aubusson, grand seigneur libéral, avait applaudi aux débuts de la Révolution. On trouvait dans ce recueil des lettres de Turgot ou adressées à ce grand homme. Un petit ouvrage portant ce titre : *Turgot*, poëme en quatre chants, 1er janvier 1776, lettres italiques, vignettes de Cochin, était aussi au nombre des curiosités bibliographiques. Parmi les imprimés, il faut placer à un rang des plus distingués l'exemplaire, acheté par Charles X, au prix, dit-on, de 50,000 francs, des *Victoires et Conquêtes*, vingt-sept volumes publiés par Panckoucke, sur vélin, reliés avec un grand luxe. Dans un certain nombre de cartons numérotés se trouvaient des autographes de généraux mentionnés dans l'ouvrage. Les amateurs appréciaient les *Lettres sur la profession d'avocat*, par Camus, 2 volumes in-12, avec notes bibliographiques de A. Barbier.

Parmi les manuscrits, bien que n'ayant pas le caractère autographe, c'étaient de précieux volumes que la *Collection de lettres à François Ier et autres rois et princes, copiées sur les originaux par le sieur de Briancourt*, et que les *Lettres de Mazarin à Mme de Venel, gouvernante de ses nièces*, un volume in-4°. Est-ce tout ? Parmi les manuscrits en un volume ou en plusieurs, mais ne formant pas ces recueils étendus que j'ai réservés pour en parler à part, il nous faut encore citer des ouvrages rares ou uniques, dont la perte est irréparable au point de vue de l'archéologie et des recherches, tels que : le procès du président Gyroux, accusé de plusieurs crimes au Parlement de Dijon, réunion de pièces rares, imprimées ou manuscrites ; le procès du Bar, 5 volumes in-folio (fabrication de faux titres de noblesse); interrogatoires par le lieutenant de police d'Argenson, relatifs aux désordres de mœurs de plusieurs jeunes seigneurs qui y sont nommés, 1 volume in-folio ; les Mémoires pour servir à la future édition de Moreri, par Dumasbaret, curé de Saint-Michel, de la ville de Léonard, 6 volumes in-4°; les Mémoires de Saint-Hilaire, manuscrit différant de l'imprimé, 4 volumes in-folio (1). Enfin je trouve cité, dans les *Documents sur la Picardie*, publiés par M. H. Cocheris, bibliothécaire à la Mazarine (2), un précieux *Mémoire historique et militaire sur les provinces de France*, manuscrit in-folio de 189 folios, écriture du xviiie siècle. Ce qui en faisait la valeur, c'étaient le nombre et l'importance des documents descriptifs sur l'ancienne France.

Je ne terminerai pas cette partie de mon rapport sans ajou-

---

(1) M. Chéruel a donné une notice sur ce manuscrit.
(2) T. Ier, p. 30.

ter que la bibliothèque du Louvre renfermait aussi nombre de volumes qui, n'ayant point par eux-mêmes un prix extraordinaire, en acquéraient un par les annotations. Un livre qu'un grand homme a manié, lu, médité, reçoit une sorte de consécration. Combien des notes écrites de sa main n'ajoutent-elles pas à ce sentiment de pieux respect ! On trouvait, à la bibliothèque du Louvre, des volumes annotés par des hommes célèbres tels que Cujas, Pithou, Loisel. Il suffisait d'avoir la religion des grands écrivains et des livres pour attribuer bien de la valeur aux *Réflexions sur la miséricorde de Dieu*, de Mlle de la Vallière, annotées par la main de Bossuet. Mais les hommes qui ont commis ces lâches attentats n'étaient-ils pas étrangers et hostiles à cette religion comme à toute autre ! et on croirait que leur haine a trouvé une satisfaction sauvage à détruire ces monuments du passé, comme les édifices mêmes dont s'honore une civilisation à laquelle ils ont déclaré la guerre.

COLLECTIONS OU RECUEILS TANT MANUSCRITS QU'IMPRIMÉS, D'UNE IMPORTANCE EXCEPTIONNELLE.

J'arrive, monsieur le Ministre, à ces collections et à ces recueils dont la perte est tantôt irréparable, tantôt au moins des plus regrettables. La bibliothèque du Louvre, ainsi que je l'ai fait observer plus haut, était particulièrement riche en ce genre. Ses origines vous en ont donné, en grande partie, l'explication. Au nombre des recueils dont la perte inspire une véritable douleur, plaçons d'abord les 9 volumes in-folio : *Lettres et pièces historiques de 1552 à 1566, provenant de Jacq. Bourdin, secrétaire des finances sous Henri II, François II et Charles IX, mort en 1567.* Ce qu'il y avait là d'inestimables trésors, les historiens le savent. C'était un de ces recueils inappréciables, également chers aux érudits et aux amateurs de vieux livres, et dont la disparition laisse une profonde lacune (1).

---

(1) On trouve une indication très-détaillée de ce qui concernait la Picardie dans le volume précité de M. Cocheris. « Les nombreuses « minutes de lettres, écrit M. Cocheris, renfermées dans ces volumes, « sont écrites au nom des rois de France Henri II, Charles IX, de « la reine Catherine de Médicis, du duc de Guise, du connétable de « Montmorency, etc.; probablement de la main du secrétaire d'État « Bourdin ou de l'Aubestine. »

Il faut en dire autant des *Papiers de Noailles*, collection en 30 volumes in-folio, de *Lettres politiques, historiques et littéraires, de* 1576 à 1730.

A quels grands événements, à quels illustres personnages des vingt-quatre dernières années du xviie siècle et des trente premières du xviiie, ces *lettres* ne touchaient-elles pas! Quelles révélations instructives on y trouvait! Combien n'en avaient-elles pas fourni déjà à l'historien! Combien ne lui en réservaient-elles pas encore! M. le duc de Noailles en avait tiré un excellent parti pour son *Histoire de Madame de Maintenon*, et on aurait fort à faire de citer tous ceux qui, de nos jours, avaient mis à contribution ces documents inédits, véritablement hors ligne. J'en ai dit un mot à propos des catalogues. J'ajouterai que M. Louis Pâris, comme il nous l'annonce dans sa publication du titre des manuscrits, a fourni à la maison de Noailles un inventaire complet des pièces qui composaient cette collection, et se propose de publier cet inventaire. C'est avec le même chagrin qu'il faut constater l'incendie des cinquante-cinq volumes, in-folio et in-quarto, de la *Collection des pièces, lettres politiques, historiques et littéraires, de* 1630 à 1757, par M. Voyer d'Argenson. Encore une perte sensible : les *Archives de Joursanvault*, deux volumes in-folio. C'était un recueil de pièces originales et souvent pleines d'intérêt, notamment sur les xve et xvie siècles. Notons aussi les vingt-sept volumes in-folio de l'*Inventaire des titres et papiers des duchés de Lorraine et de Bar*, par Honoré Caillé, sieur du Fourny.

Je n'ai plus à insister, monsieur le Ministre, sur l'immense valeur des collections de documents se rapportant à l'histoire de la législation politique et civile, possédée par la bibliothèque du Louvre. C'étaient quarante-cinq volumes in-quarto sous le titre de : *Mémoires secrets du Parlement de Paris*, depuis 1302 jusqu'à sa suppression; soixantedix volumes in-folio intitulés : *Extraits des registres secrets du Parlement*, de 1500 à 1727; soixante-douze volumes in-folio formant le *Recueil des registres du Parlement*, *depuis* 1739 *jusqu'en* 1770. Mais, en apprenant l'incendie de la bibliothèque du Louvre, la pensée de tous ceux qu'intéresse soit la bibliographie, soit l'étude des anciens textes législatifs, s'est immédiatement portée sur une collection, on peut le dire, sans pareille, aussi étonnante par la masse et l'étendue que par l'intérêt des documents et par leur classement, qui, je l'ai indiqué à propos des catalogues, était un prodige de soin patient et d'exactitude. Les hommes qui ont poussé un peu loin et profondément leurs études juridiques, ceux qui, dans les grands corps de l'État, tenaient à prendre connaissance des précédents en matière de lois, connaissaient la collection Saint-Genis, en partie manuscrite, en partie imprimée. Rarement le travail humain, le travail d'un seul, même aidé par un collaborateur (M. de Saint-Genis avait été précédé par un autre savant jurisconsulte, P. Gillet), a élevé un aussi vaste, et on peut ajouter un si utile monument. On ne comptait pas moins de sept cents volumes in-quarto pour le principal de ces recueils, le *Recueil chronologique, depuis l'an 305 jusqu'en 1790, des édits, arrêts du Conseil, arrêts du Parlement et de la Cour des aydes, sentences, lettres, patentes*, etc. M. Isambert déclarait, dans l'introduction qui précède son recueil des anciennes lois françaises, que « c'était la plus précieuse de toutes les collections existantes sur la matière. » Selon la remarque de M. Rathery, « on y rencontrait fréquemment des pièces du temps, intercalées à leur date, et qui rendaient ce recueil presque aussi précieux pour l'étude de l'histoire que pour celle du droit public et de l'ancienne administration. » M. A. Barbier, dans sa *Notice* sur la vie et les travaux de M. de Saint-Genis, a publié le détail des *Tables* non moins précieuses qui accompagnaient ce recueil et qui donnaient aux recherches les plus compliquées une singulière facilité. La table *alphabétique*, depuis 305 jusqu'en 1783, formait quatre-vingt-cinq volumes. La table *chronologique*, depuis 1684 jusqu'en 1786, formait dix volumes, également in-4°. La table *imprimée* (depuis 1721 jusqu'en 1750) en avait six du même format. Depuis Louis XVIII, cette collection, longtemps conservée à Pantin chez la veuve de M. de Saint-Genis, était placée dans les galeries du Louvre. Ce souverain en avait examiné plusieurs volumes, et avait consenti à l'acquisition, qui fut payée 100,000 francs. Un commis intelligent, rapporte M. A. Barbier, avait été spécialement chargé de la continuation de la grande table. Le même bibliographe évalue à près de quinze cents volumes l'ensemble de la collection, recueils, tables, suppléments, etc.

La littérature et l'histoire contemporaine avaient aussi leur part dans ces vastes recueils qui, indépendamment de la valeur souvent très-grande de telle ou telle pièce, en avaient une non

moins considérable, due, ici également, à leur ensemble. C'est
à la première catégorie, à la littérature étrangère, à la littérature
italienne, qui était si richement représentée à la bibliothèque du
Louvre , qu'appartenait cette belle *Bibliothèque pétrarquesque*,
composée de huit cent soixante-deux volumes et de sept cent
trente-six ouvrages. Un catalogue détaillé, publié à Milan, renfermait la description de cette collection, où se trouvaient un grand
nombre d'éditions rares des premiers temps de l'imprimerie et
plusieurs manuscrits précieux. Le roi Charles X avait acquis,
en 1826, ce précieux recueil, du professeur Antoine Marsard, qui
avait consacré sa vie à le former. Depuis lors, d'importantes
additions y avaient été faites.

C'est à la fois à la littérature et à l'histoire depuis le xvi° siècle
jusqu'à nos jours, qu'il faut rapporter la collection dite le
Recueil A, commencée par le libraire Nyon, vaste réunion, allant
environ à douze cents volumes, composée de pièces de médiocre
étendue, opuscules, thèses, pamphlets, almanachs, éloges aca-
démiques, vers et satires, feuilles de circonstance, impossibles
à retrouver ailleurs, matériaux de recherches classés dans une
table des matières tenant à elle seule 2 volumes in-folio.

Enfin nul recueil comparable à celui de la bibliothèque du
Louvre sur la Révolution. La perte de ces huit cents volumes
ou cartons est immense pour l'histoire de notre temps et de
notre pays. Les inventaires et catalogues, faits avec une exactitude scrupuleuse, permettaient de retrouver à l'instant la moindre
de ces pièces. Ils se composaient d'une table alphabétique des
noms d'auteurs, 2 volumes in-f°; des anonymes, 1 volume in-f°.
Ce n'était pas tout : on avait fait un dépouillement analytique,
avec indication des dates et des volumes, dont chacun portait
un numéro d'ordre ; on avait dressé une table des matières sur
ce dépouillement, double liste des journaux de la collection,
l'une alphabétique et l'autre chronologique. « Un autre recueil,
écrivait M. Rathery en 1858, recueil acquis de M. Viollet-
Leduc, qui l'avait formé, et renfermant 131 volumes in-8°, in-
12 et in-18, peut passer pour un appendice de celui sur la
Révolution. En effet, sous le titre assez inexact de *Théâtre révolutionnaire* , il comprend non-seulement un grand nombre
d'œuvres dramatiques représentées ou composées de 1788 à
1825, mais encore une foule de pamphlets en vers et en prose,
de satires, pièces fugitives, poésies lyriques, chansons avec mu-

sique, dont la plus grande partie se rapporte aux événements
et à l'époque de la Révolution. Il en existe un catalogue spécial
où chaque pièce est indiquée : 1ᵘ à sa date ; 2° par le nom de
son auteur, ou par son titre, si elle est anonyme. » A l'histoire
du XIXᵉ siècle se rattachaient encore les quatorze beaux volumes
in-4°, acquis sous le règne de Louis-Philippe : *les Archives du
grand maître des cérémonies, correspondances et procès-verbaux
des cérémonies et audiences diplomatiques, depuis 1805 jusqu'en* 1813.

Plus rapprochées encore de nous par la date, se plaçaient les
pièces, en nombre plus grand que partout ailleurs, sur les Etats-
Unis, particulièrement la collection des séances du Congrès. Avec
les publications de la Commission des *Records*, présent du Gou-
vernement anglais, et quelques autres des pays scandinaves, elle
achevait de donner le caractère d'un précieux dépôt juridique et
politique à cette admirable bibliothèque. La bibliothèque du Louvre s'était procuré ces documents américains par l'échange et
par l'intermédiaire de M. Vattemare.

———

COLLECTION MOTTELEY.

La collection dite Motteley occupait, à la bibliothèque du
Louvre, toute une salle. Elle y brillait à trois titres : comme musée
de reliures, comme collection d'Elzéviers, comme assemblage de
livres et manuscrits rares. Il m'a fallu, le catalogue de cette précieuse collection étant brûlé comme tout le reste, recourir, pour
mentionner les choses rares et précieuses qui s'y trouvaient en
nombre considérable, aux souvenirs, d'ailleurs fidèles, des bibliothécaires et surtout de M. Paul Lacroix (le bibliophile Jacob).
En effet, M. Lacroix avait assisté, comme exécuteur testamentaire
de M. Motteley, à l'inventaire qui fut fait de ses livres après sa
mort ; même avant que la bibliothèque léguée par ce bibliophile
à l'Etat n'eût passé à la bibliothèque du Louvre, il la connaissait
bien, et il avait installé et classé, dans le Louvre même, comme
musée spécial de bibliographie et de reliure, une partie de cette
magnifique collection. Il devait lui être facile de compléter, pour
ainsi dire, d'abondance de mémoire et avec une précision toute

particulière, les indications que j'avais reçues d'ailleurs, en même temps que sa liaison avec M. Motteley lui permettait d'y joindre des détails qui ne sont pas sans importance sur la formation et sur différents caractères spéciaux de cette bibliothèque admirée par les amateurs. Qu'il me soit permis d'ajouter que j'ai trouvé l'obligeance du savant bibliophile égale à ses lumières.

Comme musée de reliures, la collection Motteley avait un très-grand prix. Elle se composait de reliures royales et princières, livres ayant appartenu aux rois, aux reines, aux princes et princesses de France, depuis Louis XII jusqu'à Charles X ; de reliures *aux armes* ou avec emblèmes, livres ayant appartenu aux amateurs célèbres de France, aux bibliothèques de couvents, de châteaux, de colléges ; de reliures-types ou modèles de la reliure en France depuis le xvie siècle jusqu'à nos jours, œuvres des maîtres depuis Vérard jusqu'à Thouvenin ; de reliures étrangères d'ouvrages ayant appartenu aux papes, cardinaux, empereurs, rois, princes, hommes illustres, reliures dites historiques ; de reliures de tous les temps et de tous les pays, specimens de l'art de la reliure indigène. On y remarquait, parmi d'autres livres, qui partout ailleurs eussent été signalés comme de beaux et rares échantillons de la reliure ou d'intéressantes curiosités historiques, deux volumes de la bibliothèque de Grolier, à la devise *Grolieri et amicorum ;* surtout un Plutarque d'Amyot, en 2 volumes in-folio, exemplaire de dédicace à Henri III ; un magnifique volume in-folio, d'une reliure tout à fait rare en maroquin, avec dorures à petits fers et la devise de veuvage de Catherine de Médicis, peinte en couleurs émaillées ; le *Montaigne* de de Thou ; le *Charron* du cardinal de Richelieu ; un exemplaire des *Sorti* de Marcolini, avec une reliure vénitienne en mosaïque ; des livres aux armes de Diane de Poitiers, de François Ier, etc. Ce musée était formé d'environ mille deux cents volumes, tous d'élite.

Comme réunion de précieux Elzéviers, la collection Motteley était célèbre.

Pour la former, M. Motteley avait mis quarante ans et avait parcouru l'Europe. Il avait, pour ainsi dire, fouillé la Hollande, différents États de l'Allemagne, la Hongrie, etc. Il avait acquis comme une science spéciale des Elzéviers, science dont il avait tracé les règles dans un petit ouvrage qu'il a publié et dans des papiers restés manuscrits, devenus également la proie des

flammes ; science assez raffinée, qui consiste à distinguer, moyen-
nant tels et tels signes qu'on ne peut discerner qu'avec beaucoup
d'attention, les Elzéviers authentiques de la plus habile imitation.
Des catalogues de livres elzéviriens pour la vente, rédigés par
ce savant bibliophile, qui ne s'entendait pas moins à bien vendre
qu'à bien acheter, ont beaucoup contribué à apprendre aux bibliographes comment on pouvait reconnaître les ouvrages imprimés par les Elzéviers de Leyde, d'Amsterdam et de Bruxelles,
entre tant de livres qui portent des noms de libraires supposés,
des noms de lieux imaginaires. On juge par là aisément ce que
pouvait être une bibliothèque elzévirienne, composée avec une
passion si éclairée.

On y distinguait :

1° Les Elzéviers authentiques, avec ou sans nom, par ordre
chronologique, divisés par imprimeries d'Amsterdam, de Leyde,
d'Utrecht;

2° Les faux Elzéviers ou pseudo-Elzéviers, sortis de diverses
imprimeries de Hollande, de Belgique, d'Allemagne, de France
même, etc. ;

3° Les petits livres imités des Elzéviers, avec leur format,
leurs caractères et leurs fleurons.

Ces trois divisions formaient plusieurs milliers de volumes à
cause des doubles de toutes sortes. Chercheur infatigable des
Elzéviers petit in-12, M. Motteley ne croyait pas pouvoir les
montrer sous trop d'aspects. Il avait donc, dans chacune des
divisions elzéviriennes ci-dessus mentionnées, établi des caté-
gories d'exemplaires :

1° Exemplaires brochés, *non rognés*, à toute marge : on y
trouvait quelques *non rognés* uniques, entre autres les *Prophéties de Nostradamus* et l'*Imitatio Christi,* de la bonne date;

2° Exemplaires reliés par les meilleurs relieurs anciens et
modernes, Deseuil, Boyet, Padeloup, Duru, Capé, Thouvenin, Bauzonnet, Frantz, etc. Il y avait donc pour chaque ouvrage trois ou quatre reliures différentes, en maroquin, en veau
fauve, diverses de couleurs ; les volumes eux-mêmes différaient
par la grandeur des marges ;

3° Reliures en parchemin de Hollande, telles que lorsque
l'ouvrage sortait de la librairie des Elzéviers, exemplaires
admirablement conservés.

La collection des volumes imités d'après le mode elzévirien

était précieuse : elle contenait tous ces petits livres joyeux, satiriques, qui ont paru à l'étranger, surtout en Hollande, depuis 1640 jusqu'en 1780.

Les vrais bijoux de la collection des Elzéviers authentiques étaient l'Horace, le Virgile, l'Ovide, etc., du comte d'Hoyen et de Longepierre.

Je finis par les livres rares et les manuscrits précieux de cette belle collection. Parmi les livres, les *gothiques* étaient en majorité. Ces raretés bibliographiques, livres imprimés sur vélin, plaquettes gothiques, éditions sur grand papier, exemplaires uniques, formaient une véritable richesse. Tel volume était estimé à plusieurs milliers de francs. On trouvait là beaucoup de vieilles poésies, entre autres un recueil de dix-huit à vingt opuscules gothiques, la plupart inconnus aux bibliographes. Il y avait aussi bon nombre d'éditions originales des classiques français. On y admirait une foule de grands livres à figures, d'infolio, tels que les Chroniques de France, le Froissard, le Monstrelet, etc., etc.

Les manuscrits étaient très-remarquables à différents égards. Je signalerai un livre du plus grand prix, une admirable Bible des ducs de Guise, manuscrit du xv° siècle, avec une multitude de miniatures d'un travail achevé; un manuscrit des funérailles d'Anne de Bretagne ; deux livres de prières peints par Jarry; quatre grands manuscrits in-folio des campagnes de Louis XIV, avec des peintures de Vandermeulen.

On ne regarde pas comme moins grande une autre perte, celle de quantité de beaux manuscrits provenant de l'Oratoire, antérieurs au xv° siècle, parmi lesquels un Cicéron et un Horace du xii° siècle, un Virgile du xiii°, un Lucrèce et un Ovide du xiv°, etc. La plus sensible de ces pertes est le manuscrit *autographe* de Saint-Agobard (ix° siècle).

Tel est, monsieur le Ministre, le bilan de nos principales pertes. J'ai évité de mettre des chiffres exprimant la valeur en argent pour chacune d'elles. D'une part, ces évaluations varient trop pour qu'on en puisse suffisamment garantir l'exactitude. D'autre part, les millions qu'elles représentent ne sont pas ce qui doit nous toucher le plus vivement : on ne refait pas avec des millions l'œuvre du temps, et il est tel monument d'art ou d'archéologie qu'il n'y a nul moyen humain de remplacer. Arrivât-on à se rapprocher, par les plus louables efforts, en y consacrant une patience infinie et des capitaux suffisants, du modèle disparu, on ne saurait le rétablir dans son entier, et toujours la pensée restera affligée par d'irréparables lacunes. Telle est la situation que constate ce rapport. Combien peu il s'en est fallu que les pertes qu'il signale n'aient été encore de beaucoup dépassées ! On frémit à l'idée que presque toutes nos richesses de bibliographie et d'art pouvaient disparaître d'un seul coup avec notre Bibliothèque nationale et notre Musée ! Les mains sacriléges qui ont incendié tant de nos édifices publics et de nos plus précieux dépôts de livres ont trop réussi, d'ailleurs, à rendre immense la part du mal. Il dépend plus de nous de prévenir le retour de pareils désastres par une prévoyante sagesse que d'en réparer les effets, même à force de peine et par des sacrifices d'argent.

Veuillez agréer, etc.

Henri Baudrillart,

Membre de l'Institut, Inspecteur général des bibliothèques.

PARIS, IMPRIMERIE PAUL DUPONT, RUE JEAN-JACQUES-ROUSSEAU, 41